Prosperi Alpini Marosticensis, De Rhapontico

Prosper Alpini

In the interest of creating a more extensive selection of rare historical book reprints, we have chosen to reproduce this title even though it may possibly have occasional imperfections such as missing and blurred pages, missing text, poor pictures, markings, dark backgrounds and other reproduction issues beyond our control. Because this work is culturally important, we have made it available as a part of our commitment to protecting, preserving and promoting the world's literature. Thank you for your understanding.

PROSPERI ALPINI
MAROSTICENSIS
PHILOSOPHI, MEDIC,

Et in Gymnago Patauino Medicamentorum simplicium
professoris ordinarij, & horti medici præfecti,

DE RHAPONTICO
DISPVTATIO IN GYMNASIO PATAVINO HABITA.

In qna Rhupontici planta, quam hactenus nulli viderunt, medicinæ studiosis nunc ob oculos ponitur, ipsiusque cognitio accuratius expenditur, atque proponitur.

Ad
Perilluſtrem, & Excellentiſſimum D. D. BENEDICTVM
SYLVATICVM Patauinum, & in patrio Gymnaſio Medic. Pract. Profeſſorem.

PATAVII,
Apud Petrum Bertellium. M. DC. XII.
Ex Typographia Gaſpari Criuellarij almæ Vniuerſitatis D.D.
Artiſtarum impreſſoris.   Superiorum permiſſu.

PERILLVSTRI
AC DOCTISSIMO VIRO
BENEDICTO SYLVATICO PATAVINO

IN PATRIO GYMNASIO MEDICINAE
Praxim Profitenti.

Petrus Bertellius.

S. P. D.

NON te fugit (Benedicte Syluatice) qui, & quantus vir sit Prosper Alpinus, cum alijs bonis artibus, tum in medicina, & in scientia plantarum; & quam curet sedulo, nullis laboribus aut sumptibus parcens, vt horti medici, quibus praeest, sint omni stirpium etiam exoticarum genere instructissimi. Eius igitur disputationem de RHAPONTICO, quam summis omnes, qui illi interfuerant, laudibus prosequebantur, recens nactus, eo melius mecum actum esse duxi, quod si eam imprimendam curassem, studiosorum, à quibus efflagitabatur, cupiditatem explere potuissem. Non fuit difficile aut hoc impetrare ab auctore humanissimo, & studijs iuuandis nato, aut aliquem reperire, cuius nomine liber commendatior in lucem prodiret. Tibi enim proculdubio debebatur. Te enim vnum ex omnibus praecipue colit, atque admiratur, non

Alpinus modo, sed etiam Franciscus Crassus, tuus olim auditor assiduus, qui hanc radicem nostro quo ignotam Italis, ac Transalpinis, semel & iterum ex remotissimis regionibus huc aduehendam curauit, & Alpino dono dedit: ita vt nemo sit, quem tibi anteponam. Accedit gentis tuæ splendor, satis ipse notus per se, & feliciore doctorum virorum stylo celebratus. Cumulantur hæc omnia animi tui bonis; præcipuè vero humanitate, litteris interioribus, atque ea medicinæ cum docendæ, tum faciendæ peritia, vt inter non paucos excellas plerosque omnes breui superaturus. Neque enim est quisquam, quin sibi persuaserit, vt parta iam gloria peperit expectationem, ita expectatio sit gloriam multo maiorem paritura. Hæc igitur me, vt hunc tibi libellum dicarem, adduxerunt. Tu cum maxima voluntatis erga te meæ accessione cumulatum, vt spero, & cupio, boni consules. Vale Patauij. Die 30. Maij. 1612.

PROSPERI ALPINI
MAROSTICENSIS.
DE RHAPONTICO
Disputati in Patauino Gymnasio habita.

De Rhapontici planta, quam proximis annis in
Rhodope Thraciæ monte viuere compertum est, cur agendum sit.

Cap. I.

QVOD Rheon, seu Rhaponticum fuerit perpetuò magni vsus ad medicinam, & ad præclariorem quoque antidotorum compositionem magnopere desideratum, at quelongo tempore omnibus medicis, pharmacopæisque ignotum (proximis enim ætatibus, non sine magno artis medicæ, & dedecore, & mortalium damno, pharmacopæi pro Rhapontico substitutis vtebantur) vtile fore existimauimus, si de hoc medicamento presenti hoc anno, priusquam legendi finem faciamus etiam ageremus, vobisque demonstraremus nos verum Rhaponticum antiquorum habere. Præsertimque cum ab hinc quadriennium (diuino bene aspirante numine) factum sit (quod iam diu multum, multumque desiderauimus) vt rhei siue rhapontici plantam antiquorum legitimam, Rhagusio, opera perillustris, & excellentissimi philosophi, medici, & in simplicium medicamentorum studio non parum e-

xer-

De Rhapontico.

xercitati, Francisci Crassi Rhagusini, Patauium conuectam, nacti fuerimus: Cui profectò viro & nobili, & præliberali, huius ætatis medici stirpiumque cognitionis studiosi plurimũ debebunt, vt pote qui rhei plantam in Italia a nullis antea visam, nullisque cognitam, præ multa ipsius liberalitate & videre, & cognoscere potuerint. Hæc (inquam) planta ter ex Thraciæ montibus Rhodopæis vocatis (in quibus sponte nasci, & viuere eã plantam ab aliquibus fuerat prius animaduersum) in planicie apud fontem Hebri fluminis posita, eruta Rhagusium delata in itinere propè interierat, sed postea denuo ex ijsdem natalibus procurata Rhugusium vinens deducta est, quæ deinde Patauium incolumis conuecta, mihique à prædicto Francisco Crasso dono data in secretiori meo hortulo fuit reposita. Quæ ibi opportunum sibi solum nacta, ita per bellè multos annos vixit, & mire aucta est, vt meritò quadam veluti insita maiestate ex amplissimis, latissimisque folijs mira arte ita confectis, ex caule, floribusque multis candicantibus, non iniocundè etiam olentibus, à multis hactenus herbariæ cognitionis studiosis, atque ab innumeris ferè alijs viris nobilibus, illustrissimisque plurimum admirata fuerit, multisque laudibus concelebrata. Hæc (vt ipsam describamus) folia habet magna, ampla, quadamtenus ad lappæ magnæ figurã accedentia, sed longe maiora tamen, et latiora, ad magna Colocassiæ Aegyptiacæ folia itidem multùm inclinantia: Veruntamen & ab his, atque ab alijs omnibus ipsa formam differentem habent, atque ita, vt nullum folium in alijs plantis animaduertatur, quod istiusce plantæ folia exactè referre, atque æmulari videatur. Id verò proprij habent, vt ipsa in circumferentia quibusdam miris circumuolutionibus agantur, quibus magnas cauitates exprimere videntur. Colore verò viridi

in

in nigrum terram versus inclinante spectantur: neque procum bunt, at sursùm in aerem ex suis, pediculis longis, latis, crassis, intus cauis, extrà conuexis feruntur. Quę folia cum pediculis sine odore sunt, sapore verò linguā subacetoso haud iniucundo afficiunt. Planta vero caulem è medio foliorum producit vnicum vt semel in hac planta vidimus, cubitalem, & ampliorem etiā, folijs concolorem, sed quadantenus ad rubrum declinantem, striatum, geniculatū, à cuius geniculis ramuli recti exeunt duo vel tres vtrimque, cum vnico foliolo circa cacumen in alios multos scopæ modo expansos, diuisi, flosculis albis, floribus sambuci similibus; racematim vndequaque congestis, contecti. Porrò flores non iniucundè olent, gustuique saporem subacidum gratumque inducūt. Ab ipsis semina producuntur, parua figura triquetra, nigrescentia, suis paruis foliculis inclusa, Hippolapathi seminibus omnino similia. Planta nititur radicibus multis ab uno germine, uel à multis gracilibus, centaurei maioris similibus, sed minoribus, statim à terra erutis colore ex toto ruffis nigrescentibus, sed postea radices siccatę exterius nigro colore spectantur, interiusq; rufę existūt, germini vero non rectè in terrā deorsum, sed obliquè aguntur, atque protenduntur. Quæ radices etiam statim è terra effossę sine in odore sunt, substantiamque raram, laxam, leuem, atque rufam habent, quæ commanducata croci colore tingit, & si plusculum in ore agitet, glutinis modo lentescit, subacremque non expertem alicuius leuis amaritudinis saporem gustui infert. Hæc planta, vt deprehensum est, singulo triennio absoluto floret, atque semina producit. Quæ in agro Patauino sata ita facile nascuntur, vt sperandum sit, breui tempore rhapontici plantam vbique locorum propagatam iri. Vnde medici, & pharmacopęi nō amplius opus habeant istiusce plantę radices peserò tera ex longinquis regionibus, in quibus nascitur, nempe ex Scythia, vel Thraciæ locis ipsius natalibus. Hoc nostro quoque æuo hanc plantam abundantius in Scythiæ campis viuere Ioannes Quirinus Cinglerus Germanus, philosophus, medicus, & in simplicium medicamentorum studio apprimè eruditus, abhinc annos multos, cùm Scythiæ loca perlustraret, obseruauit: inquit .n. se in ipsius campis hanc plātam lætius olim viuentem offendisse, & obseruasse, Medicumque Italum ibi medicinæ causa commorantem cognouisse, qui agrum habebat rhaponticis refertissimum; quorum profectò radices, lucri causa, quotannis ad exteras nationes transmittebat. Ex cuius sanè viri relatione perspectum habui (vbi ipse, qui meam rhapontici plantam nūquam viderat, neque vidit, Scythicam rhei plantam diligentius mihi delineasset) Thracicum rhaponticum, quod iuxta montes Rhodopæos nascitur, quodque in Patauino horto nunc alitur, idem esse cum Scythico ab eo viro conspectum, atque obseruatum. Itaque istiusce plantæ, quam in horto nunc habemus, occasione, cum nos rhapontici cognitionem satis manifestam consecuti fuerimus, eandem quoque vobis communicare volentes, de Rhapontico hoc etiam anno, priusquam lectionibus huius anni finem imponamus, publicè in scholis verba facere instituimus. De quo quidem in præsentia sermonem habituri, primum quid rhaponticum antiquorum fuerit cognoscere operā dabimus. Secundò, an hoc nostro æuo habeatur, & cognoscatur: Qualiaque medicamēta fuerint à multis pro legitimo rheo proposita. Tertiò, an Rhapontici planta fuerit veteribus cognita, atque an hac ætate alicubi viuat, & cognoscatur. Quarto, Thracicam Rhapontici plantam Lapathi genere comprehendi demonstrabimus: & quot sint ipsius genera considerabimus, & ex radicibus lapatho-

B rum,

rum, quæ ad rhaponticum, quibus veteres medici vtebantur,
accedant, quibusque signis à legitimo distingui debeant. Atque
demum de rhapontici viribus, atque vsibus medicinæ opportu-
nis loquemur. Hisque omnibus perspectis, probeque cognitis,
addemus accuratissimam & plantæ istius, & radicum osten-
sionem.

Rhaponticum quibus nominibus varijs gentibus innotuerit, quidque ipsum fuisse constet.

Cap. II.

RHA, & rheon Græcis primum vocata fuit radix
quondam medicinæ vsui maximè cognita, à Scythiæ
Rha flumine nunc Volga dicto (quoniam iuxta ipsius
ripas, vt Ammianus Alexandrinus in libr. 22. suarum histor.
est auctor, eam plantam viuere deprehensum fuerat) appellata.
Deinceps verò rheuponticum, & Rhaponticum dictum est, aut
à Ponto ipsius solo natiuo, vt Marcellus Virgilius voluisse visus est, aut quod primo ipsum in Pontum conuehi cœperit, ex locis
scilicet supra Bosphorū Thracicum, in quibus familiarius nascebatur, vtpote ex Scythiæ planiciebus iuxta supercilia fluuij
Rha tunc temporis nominati, qui altera flexione, vt à Geogra-
phis traditum est, Tanai flumini, quod in Pontum Euxinum labitur, appropinquat. Itaque rheon, aut rha, vel quia Ponti radix
fuit, vel quod primum in Pontum delata, ad alias exinde nationes dimittebatur, propterea ibi quasi nomen, cognomenque nacta, Rhaponticum dicta est. Quare & Mesuē hanc fortasse radicem rha Turcicū haud iniuria appellasse aliqui existimārunt,
à Tur-

De Rhapontico.

à *Turcis nimirum, qui olim vltra Tanaim sedes habuerunt prope Sarmatas Zygos, nunc Circassos dictos in patentibus illis campis Rhaponticum ad exteras nationes mittebant. Turcæ verò ipsum rhauend primi appellauere, à quibus postea & Arabes eodem nomine vsi fuerunt. Et exinde etiam, quia radix barbarica (vulgo rhabarbarum dicta), quæ ex Indiæ locis asportari postea cæperat (quòd cum rhauend magnam similitudinem in radice, colore, saporeque, & viribus habere visa fuerit) idcirco Arabes cum primum ad ipsos ex india delatam hanc vidissent, eodem nomine & ipsam dixerunt, scilicet persuasi Rhaponticum à Barbara radice specie non differre. Horum verò aliqui à natalibus, ex quibus radix deferebatur, rhauendseni, à Chinæ regione, in qua nasci eam radicem putabant, nominarunt, aut Sceni, vel Cini à Scenitis Parthorū natione, qui Ariæ, & Margianæ montes habitant, in quibus rhabarbarum prouenit. Namque Arij, Margiani, Aracosij, & alij populi prouinciæ Tangut, Campionensibusque finitimi, communi vocabulo Cini, & Mau cini etiam hac ætate nominantur; & optimum quoque rhabarbarum rhauend Succuir à quibusdam dictum est, quod scilicet nascitur in montibus Succuir, ciuitati positæ in prouincia Tangut, proximis. Hisque nominibus Rha, seu Rheon antiquis innotuit. Quibus præmissis, quid Rha, seu Rheon, seu Rhaponticum, seu rhauend fuerit apud antiquos, nunc superest cognoscendum. Cum verò simplicium medicamentorum cognitionem ex vno præsertim Dioscoride venari, atque assequi teneamur, meritò primùm quæ ipse de hoc medicamento posteritati tradiderit,*

„ *sunt a nobis animaduertenda. Inquit autem: Rha aliqui rheon,* In lib. 3.
„ *aliqui rhiam, latini Rhaponticum vocant. prouenit in ijs, quæ su* de mat.
„ *pra Bosphorum sunt, regionibus, ex quibus affertur. Radix vi* med. c. 2.

B 2 gra

" gra centaureo magno similis, sed minor, ac intus rubicundior, la-
" xa, seu fungosa, aliquantum leuis, sine odore: optimum habetur
" quod teredines non sensit, si gustatum cum remissa adstrictio-
" ne lentescat, manducatumque colorem reddat pallidum, aut quo-
" dammodo ad crocum inclinantem . Hactenus Dioscorides de
Rhapontico. Ex quibus quidem nobis constat Dioscoridis ætate
Rhaponticum radicem fuisse centaureo magno similem, minore
tamen, exterius quippe in cortice nigram, interius rufam: quæ
cum mandebatur, tingebat pallido colore ad crocum inclinante:
cuius substantia fungosa, & aliquantum leuis erat, sine odore;
quæque gustata, cum remissa adstrictione in ore lentescebat.
Serapio ex Dioscoride addidit saporem amarum, quem saporē
nulli codices ex ijs, qui nunc extant, habent. Auice. ait in ipso esse amaram substantiam. Galenus verò scripsit, quod si plusculum mandatur, subacrem saporem edere. Veritas est, Rhaponticum habere subacrem saporem cum leuissima amaritudine, vel
esse cum leui excalfactione subamarum. Dioscorides nullum eius
saporem, vt ex Græcis codicibus, qui nunc extant, colligitur, expressit, fortasse, quia sapor amarus & calidus sit admodum ob-
scurus, qui non nisi (vt Galenus animaduerterat) in ore plusculum radice agitata, sentitur. uel etiā quia pro sapore exprimen-
do sat fuisse crediderit dixisse (manifestiorem ipsius saporem no-
notando) quòd gustatum in ore cum leui adstrictione lentescat.
Cæterum ex Galeno redditur admodum confusa, atque incerta
cognitio de adstrictione in hac radice obseruata, atque de ipsius
substantia, quando visus fuerit nobis expressisse optimum Rhaponticum, syncerum, non adulteratum esse vehementer adstringens, & ex toto ipsius substantiam esse compactam, quandoqui-
dem adulteratum (vt inquit) remissam habeat adstrictionem,

In li. sim
pl. c. 206.
In libr. 2.
trac. 2. c.
585.
In 1. de
antid. ca.
14.

&

De Rhapontico.

substantiam non compactam, sed laxam. Antiqui enim Rhaponticum hac ratione (inquit ille) adulterabant: Erutas è terra radices in aqua ebulliebant, qua ebullitione succum à radicibus extrahebant, in quo virtus præcipua ac maxima consistit, seruabantque ad vsum, & radices ita elixatas postea siccabant, siccatasque vendebant, atq; hoc erat Rhaponticū adulteratum ex Galeno. Quam rem Galenus nobis ita expressit dicens: In Rheo quoque fraus committitur. Nam quibus in locis nascitur, simulatque euulsum est, ipsum elixant, quo succum remittat, ac tam succum vt syncerum & aqua impermixtum, quam rheon exiccatum vt non elixum ad nos postea mittunt. Quamobrē scientia opus est verum ab adulterino discernendi, quam facillimè consequuntur, qui suæ spontis rheum aliquando viderint. Nam elixi pars, quæ sub aspectum venit, densa per totum & compacta non est, sed rarior, & gustu tentata saporem adstringentem vel nullum vel obscurum remittit; cum tamen, si adulteratū rheum non sit, vehementer adstringat. Hæc Galenus. Quæ si vera sunt, profecto nobis Dioscoridem pro optimo Rhapontico adulteratum, & non bonum expressisse liquido constabit; siquidem dicebat Dioscorides: Optimum habetur, si gustatum cum remissa adstrictione lentescat: affirmabat quoque radicem esse fungosam, & aliquantum leuem. Si autem Rhaponticum Syncerum & optimum ex Galeno debeat habere vehementem adstrictionem, & radicem ex toto densam, & compactam esse oporteat, profecto dicendum erit perperam Dioscoridem docuisse optimam rhei radicem fungosam, & aliquantum leuem esse oportere, & gustatam cum leui adstrictione in ore lentescere; quinimo res contra sē habebit, nimirum, quod optima rhei radix (vt Galenus voluit) erit densa vndique, compacta, grauis, &

In 1. de antid. c. 14.

gusta-

gustata saporem vehementer stipticum præ se feret. Quid igitur dicemus? quid in hac controuersia statuendum? An non cum Dioscoride erit sentiendum? scilicet optimam Rhapontici radicem debere esse raram, fungosam, leuem, cum remissa adstrictione? Certè quidem à nobis ita creditũ est: Neque immeritò sanè, cum omnes, qui de tẽperamento, & facultate rhei radicis scripserunt, affirmauerint Rhaponticum quiddam terrestre frigidum, quo adstringat, habere, non multum, quo multũ adstringat; atque mistam habere aeream substantiam, qua necesse est, ipsam radicem non oportere ex toto densam & compactam esse, sed aliquanto laxam & leuem, vt Dioscorides expressit. Quid amplius? an non ipsemet Galenus in libris simplicium confirmasse visus est Dioscoridis sententiam, quod nimirũ radix Rhapontici sit laxa, & aliquantum leuis, cum leui & non multa adstrictione. Hoc sanè ex ipsius verbis apertissimè cognoscitur,

In 3. lib. simpl.
Cum ita de Rhapontico scripserit: Reum (quidam id Rha nuncupant) mixtam habet tum temperaturam, tum facultatem: ha-
,, bet enim quiddam terrestre frigidum, ceu indicio est adstrictio,
,, & adiuncta est quædam illi caliditas : siquidem si plusculum
,, mandatur, subacre conspicitur. Quinetiam aereæ cuiusdã sub-
,, stantiæ subtilis est particeps: quod indicat tum laxitas, tum le-
,, uitas. Ex quibus verbis constat Rheum aliquid adstrictionis habere, cum dicat quippiam terrestre frigidum habere, non multũ, in quo multa adstrictio fundatur : ergo non vehemens adstrictio optimo Rhapontico inesse poterit, cum terrena substantia, in quo adstrictio consistit, modica sit. Quid clarius? Fatetur postea ex aereæ substantiæ mixtione radicem habere laxitatem, & leuitatem. Quæ omnia ijs, quæ in primo de antidotis scripserat, planè videntur contraria. Vnde suspicari meritò possumus, eum, quo

tem-

De Rhapontico. 15

tempore scripserat libros de antidotis, haud probam Rhapontici cognitionem habuisse. Contraria ijs, quæ ibi Galenus scripsit, Auicennam quoque tradidisse constat. Ita enim scribit: Quandoque adulteratur hoc modo: Decoquitur, & assumitur eius aquositas, & desiccatur succus eius, deinde exiccatur substantia eius post illud, & venditur sicut est: & purū est vehementius, rarūm, & minus stypticum, & est croceæ tincturæ. Et postea idē affirmauit dicens: & qd de ipso purū est, est minus stypticū. Itaque ex ijs colligimus cum Dioscoride, radicem Rhapontici, quæ optima est, oportere esse leuiter adstringentem, raram, & aliquantum leuem. Notandum tamen ex ijs radicibus illas, quę annosiores sunt, duriores magis, magisque adstringentes esse, minus laxas, minusque leues, quam sint iuniores, & teneriores: hæ namque laxioris, & leuioris substantiæ éxistunt, & minus adstringūt. Quas iuniores Galenū pro adulteratis, scilicet elixatis, in primo de antidotis forsitan accepisse suspicamur: cum hæ sint minus probandæ ad vsum medicinæ, quam illæ, quæ adultioris sunt ætatis, annosioresque: nam hæ duriores, & compactiores sunt, & plus iunioribus adstringunt: Vnde has fortasse credidit Galenus esse, quę suæ ætate non adulteratæ, sed syncerę ab omnibus æstimabantur. Plinium quoque suum Rheū, quod Rhacoma ab ipso dictum est, notis & signis à Dioscoridis Rhapontico haud dissimilibus depinxisse constat: Cum ita de eo scripserit: Rhacoma affertur ex ijs, quæ supra Pontum sunt, regionibus. Radix costo nigro similis, minor, & ruffior paulo, sine odore, calfaciens gustu, & adstringens: eadem trita vini colorē reddit, ad crocum inclinantem. Inclinat enim hæc radix ad calidum, cum aliquali stiptica facultate. Hæc sunt, quæ pro cognoscenda rhei radice fuerant à nobis præmittenda, atque animaduertēda.

In lib. 2 tracta. 2. c. 585.

In li. 27. hist. nat. c. 12.

da. De istius verò radicis planta neminem veterum scriptorum scripsisse constat, vno quodam excepto Hesiodi antiquissimo commentatore (quam rem nos posterius diligentius considerabimus) qui dixisse visus est lapathi radicem olim Rheum appellatam fuisse.

An hac ætate verum Rhaponticum antiquorum ad nos conuehatur, atque cognoscatur.

Cap. III.

Superiori ætate antiquorum Rhaponticum nobis minimè notum fuisse, eo argumento deprehendimus, quod non paucos pro ipso substitutis vsos fuisse constet. Alij namque ex pharmacopæis, & medicis, rhei loco radice centaurei maioris ad medicinæ vsum vsi fuerunt; cuius quidem plantam incolę montis Sancti Angeli, in quo copiosius prouenit, in Apulia Rheuponticum appellare Andreas Matthiolus est auctor. Alij illiusce plātæ, quam Lobelius Rha capitatum nominauit, radicem pro Rha pontico substituerunt. Non pauci verò cum rhabarbarum, tum ipsius rhabarbari radices graciles, caudatas vè Rheum antiquorum esse voluerunt: cuius opinionis Aegyptios medicos fuisse eo tempore, quo in Aegypto medicinæ exercendæ causa olim demorabamur, animaduertimus, scilicet quod rhabarbari radices eas paruas, gracilesqne crederent legitimum Rhaponticum antiquorum. De qua re nos paulo post accuratius. Harum verò stirpium radices pro Rhapontico non esse recipiendas, neminem medicorum, qui sedulo in ipsis Rhei veri notas recognoscere voluerint, latere putamus, nam quis (quæso) recipiet pro Rheo cen-
taurij

taurij magni radicem? Cum sit radix centaurei magni à Rhapontico specie distincta? neque sit laxa, & leuis, neque gustata cum remissa adstrictione lentescat, neque rufa sit, vt expressit Dioscorides, qui inquit Rhei radicem centaurei magni radice esse rufiorem, seu rubicundiorem. Centaurei enim radix dura est, densa, grauis, nigra fere ex toto, licet intus ex rubro nigrescat. Haec, inquam, superiori aetate, magno sanè artis pharmacopeicae cum decore, locum habuit in medicinae vsu pro Rheo antiquorum. Quid de rha capitato Lobelij dicemus? Cuius quidem radicem verum antiquorum Rheum, siue Rhaponticum esse Lobelius nobis tradidit? Profecto hanc radicem minus etiam, quàm conueniat centaurei magni radix, cum Rheo conuenire, ipsamque esse magni centaurei speciem affirmare auderemus. At quid de rhabarbaro, quae radix pro vero antiquorum Rhapontico perperam à multis recepta est, dicemus? An non viri alioquin eruditissimi mordicus tenuerunt Rhaponticum antiquorum, atque rhabarbarum vulgo vocatum, vnum idemque esse medicamentum? Huius opinionis primus auctor fuisse visus est Ioannes Ruellius, quem & Aloysius Anguillara, atque alij itidem multi fuerunt secuti. Nos olim Aegyptios medicos, & pharmacopaeos istius opinionis fuisse animaduertimus, qui rhauend nomine nihil aliud, quàm rhabarbarum, ad vsum medicinae cognouerunt. Quid vero de hoc dicendum? Nos, pace tantorum virorum, non dubitabimus affirmare illos in rhei cognitione maximè fuisse hallucinatos. Quomodo enim (si vera fuerunt, quae Dioscorides, atque alij ex veteribus scriptoribus de Rhapontico scripserunt, scilicet, quòd radix fuerit centaureo magno similis, nigra, minor tamen, sine odore, gustata cum aliquanta adstrictione in ore lentescens, laxa, aliquantunque leuis)

C   radix

radix rhabarbari cum sit magna, crassa, densa, grauis, rheum antiquorum esse poterit? quomodo, inquam, esse poterit, cum sit odorata, neq; comanducata in ore glutinis mō lētescat, sed potius linguā exasperet, intēseq; amara sit, & ualenter purgatoria? Neque est, quod ij respondeant, hasce radices, rheum Ponticum scilicet, ac Barbaricam radicem, aliquantum inter se differentes reddi primum ex cæli, in quo nascuntur, & viuunt, varietate, quando rheum nascatur in Scythiæ locis vehementer frigidis, & barbarica radix in Indiæ locis vehementer calidis: deinde ex radicum maturitate, atque immaturitate, seu perfectione, & imperfectione. Dicunt enim Rhei radices idcirco, quod nascantur in cælo admodum frigido, esse admodum viribus imperfectas, & ob hanc causam non augeri ad eam magnitudinem, qua radix barbarica cernitur, neque esse odoratas, neque habere eā vim valenter purgatoriam, qua barbarica radix prædita est. Vel hoc idem euenire etiam quod radix, quæ pro rheo affertur, sit eadem barbarica radix; sed quæ iunior sit, minimeque ad cōgram magnitudinem aucta: vnde cum imperfecta sit, mirū non esse, si neque sit magna, neque odorata, neque purgatoria. Cum ad hasce illorum rationes doctissime ab Andrea Matthiolo in doctissimis suis ad Dioscoridis libros commentarijs fuerit responsum, non est opus, vt nos quoque ad ipsas ijsdem respondeamus: siquidem à Matthioli argumentis ipsos plane victos fuisse constet. Hoc solummodo dicemus, quomodo esse queat, quod vna eademque planta natalia ferat oppositi, contrarijque temperamenti? quod tamen fatendum erit, si concedatur Rhaponticum, atque rhabarbarum, vnum, idemque esse medicamentum. Constat sanè longa experientia comprobatum, & plantas, & animalia habere propria loca natalia, in quibus sponte nascuntur, & viuunt:

uunt: quæ in cælo contrario suis natalibus neque spõte nascũtur, & ibi si nascãtur, aut ad ea loca deuehantur, ægerrimè viuunt, neque diu. Quam ob causam etiam ex animalibus camelus, pardus, leo, elephas, & alia animalia in calido cælo nata non æquè viuunt in frigido, vt neq; vrsus, lupus, & alia in frigido ambiẽte producta pari diuturnitate supersunt in calido. Ex plantis in numere in orientalibus locis velut in patria natæ, vt septentrione æquè viuant minimè sunt aptæ ac dispositæ. Neque .n. balsamũ, neque cassia cathartica, neque acacia Aegyptiaca, neque tamariscus, neq; paliurus Athenęi in nostro cęlo frigidiore viuũt. Quomodo itaque esse poterit ut Rhapõticũ, & rharbarũ, quorũ diuersa tẽperamento natalia sunt, istius calida, illius frigida, spõte in vtroque cælo, & calido, & frigido nascantur, & viuant? Qđ verũ vtiq; erit, si concesserimus illis, vt dictũ est, Rhapõticũ & rhabarbaricũ vnũ, idemque esse medicamentum. Fieri profectò potest vt rhabarbarũ ex India delatũ apud nos, si sedulo custodiatur, atque in Scythia ẽt in hypocaustis calidis seruatũ, aliquantulũ viuat; sicuti rheũ econtra in Indiæ locis ad septentrionẽ expositis aliquandiu bene itidẽ custoditũ: at alterutrũ in vtrauis plaga sponte nasci, & copiosius ibi abundare si quis credat, vel affirmet, a ratione planè abhorret. Quare non est credendũ rhei plantã a rhabarbari planta ex nataliũ diuersitate specie non differre. Huc accedit, radicẽ barbaricã figura, & magnitudine distingui à Rhapõtico; quando hæc longa, & gracilis, atque illa magna, crassa, & breuis spectetur. Quæ varietatis ratio cũ illos, qui rhabarbarũ cũ Rheo vnũ idemque fecerunt medicamẽtũ, non parũ turbauerit, atque non minus etiã mercatores, qui ad nos rhabarbarũ deferre solent, exinde cæptũ est, eiusdem radicis magnæ, crassæq; longas, gracilesque fibras, ramos, aut veluti

C 2   cau-

caudas à Tangut Incolis effodientibus rhabarbarum in proximis montibus, de crassa radice, abscissas, & seiunctim seruatas, mercatoribus pro Rhapontico vēditari. Quae etsi centaureo magno magnitudine, atque figura similes quadantenus videantur, exteriusque nigrescant, & intus rufiores videantur; tamen fraudem detegit ipsarum intensa amaritudo, odorque acutus, atque etiam quod gustata in ore non lentescāt, neque laxae, & leues, sed compactae, & graues existant, & non expertes facultatis purgatoriae. Quare neque eae radices barbaricae paruae, graciles, quae rheum referre figura, paruitate, atq; colore videntur, rheum vtiq; esse poterunt, cum odoratae, intesè amare, grauesq; sint, nec cum remissa adstrictione gustate in ore lētescāt: Quae notae rhei legitimi antiquorum fuerunt. Quid igitur dicemus? Hac nostra aetate uerum Rhaponticum desiderari? Nequaquam: quinimò ab hinc annos multos caepisse ad nos ex Scythia, Thraciaq; locis asportari, vt viri alioquin doctissimi in simplicium medicamentorum studio cognouerunt. Manardus ille Ferrariensis, qui antea crediderat rheum, & rhabarbarum idem esse specie medicamētum, postea mutata sententia, ad Nicolaum Leonicenum ita scripsit, Rhaponticum primum vidi ego Venetijs in officina ad Medici insignia è Constantinopoli allatum, ac deinde alijs pluribus in locis etiam ex Alexandria conuectum, quod nullis reclamantibus notis uerum antiquorum Rhaponticum refert. Quam veritatem & Bartholomaeus Maranta, & alij permulti cognouerunt. Nunc verò quisque potest in multis officinis ipsum videre, simulque & alia nobiliora medicamenta, quorum cognitio ferè ex toto apud medicos, & pharmacopoeos proximis aetatibus obsoleuerat. Hoc vero rheum radix est semi digitum longa, siue radicis frustulum

In libr. 6. epist. 2.

In libr. 5. epist. vlt.

In 2. libr. meth. cognos. simpl. c. 7.

De Rhapontico.

lum in utroque extremo obliquè dissectum, semidigiti longitudine, at crassitie maioris digiti, exterius in cortice nigricans in rubrum, & interius rufa, quæ quando manditur, remissa cum adstrictione in ore lentescit, obscuramque acrimoniam aliquatenus amarescentem gustui præbet, linguam etiam pallido colore ad crocum inclinante tingit, nullum olfactui odorem exhibens. Quæ radix, nullis reclamantibus notis, verum antiquorum Rhaponticum refert. Sanè hæc radix similis centauro magno existit nigra, sed minor, & rufior intus, & cæteris alijs insignita notis, quas de Rhapontico Dioscorides expresserat.

Rhapontici planta an fuerit veteribus cognita & an hac ætate alicubi viuat, & qualis sit.

Cap. IIII.

Posteaquam Rhapontici radix cognita à nobis est, superest ut de ipsius planta nunc agamus, de qua illud in primis erit disputandum, an antiqui eam cognouerint, atque postremò, qualis nam ex stirpibus tunc temporis cognitis pro vero antiquorum Rhapontico à medicis recipi possit. Plerisque creditum est antiquos rhei plantæ radicis, quæ medicinæ causa ex regionibus supra Bosphorum deferebatur, notitiam habuisse, nequaquam verò stirpis radicem producentis: idque ex eo constare, quòd nemo ex præcipuis medicinæ scriptoribus Rhapontici plantam docuerit, atque descripserit: Aloysius verò Anguillarius in suis simplicium medicamentorum discursibus quendā Ioannē Tzetzum Hesiodi commentatorē memorat,

In discursu de rumice.

22 Prosperi Alpini

morat, qui scripserit lapathi radice olim rheu ab antiquis fuisse appellatā: Hæc autem ipsius verba fuisse Anguillara expressit. Ἀλαπάθα γραφικῶς τὰ κινέματα. ἔτι δὲ καὶ λαπάθος βοτάνη λεγετικὴ ἡ καὶ ἐλάπατοι λέγεται ἥ ἡ ῥίζα τὸ λεγόμενον ῥῖον. Ex quibus profecto verbis constabit rumicis, seu lapathi radice fuisse priscorum vsitatum rheu, siue Rhaponticū. Quam veritatē Andreas Cæsalpinus superiori æuo medicus maxime præcelebris planè confirmasse visus est, cuius in libro quarto de plantis hæc habeat. Ex

Cap. 29: hoc genere videtur esse rheu ab antiquis appellatū, ut testatur
" quidā Hesiodi cōmentator, qui lapathi radice rheu appellariasse
" rit. Cui sanè opinioni (&) nostrā libēter quoque sententiā subscri-
" bere nunc voluimus, posteaquā legitimā Rhapontici plantā ex Thraciæ montibus Rhodopeis primò Rhagusiū, & hinc postea Patauiū cōuectanos à perillustri & pcellentissimo (vti superius meminimus) Francisco Crasso dono accepimus, eāque sedulo inspeximus, (&) animaduertimus; quā profecto plantā rumicū, seu lapathorū magnorū genere comprehendendā affirmare non dubitamus: de qua re paulo post nos clarius. Quod verò hæc planta (cuius descriptionem, & notas audiuistis in istiusce discursus principio) sit verum rheum siue Rhaponticū antiquorum, vel hoc vnico argumento cuique nostrum demonstrabitur, scilicet, quia ipsius radix cum Rheo Dioscoridis ita conuenit, ut ne vel vna nota, quod sit legitimū rheum, desideretur. Quæ veritas cuilibet diligenter in ipsa radice notas animaduertenti, facile

" innotescet; primò. n. radix (inquit Dioscorides) est nigra, magnæ
" cētaureo similis, sed minor, (&) rufior, fungosa, aliquantū leuis,
" sine odore: optimū habetur, quod teredines non sensit, si gustatū
" cum remissa adstrictione lentescat, manducatūque colorē reddit

dit pallidum, aut ad crocum inclinantem. Quæ notæ Rhapontici Dioscoridis cum singulæ in nostri Thracici Rhei radice eluceãt, quis, quæso, dubitabit amplius, radicẽ nostri Thracici Rhapõtici esse verũ Rhaponticũ, atque eius radicis plantã itidẽ Rhapõticũ dici oportere? cũ presertim radix sit centaureo magno similis, sed minor, exteriusq; nigra, nimirũ siccata (cum vero statim effossa est, & recens, rufo colore visitur, siccata autẽ exterius in cortice nigrescit) interius centaurei radice rufior, fungosã, aliquantũ leuis, sine odore (vel.n. statim à terra eruta, & recens quoq; cuiusuis odoris expers videtur) quæ gustata cum remissa adstrictione in ore lentescit, mãducataq; colorẽ reddit pallidum ad crocum inclinantẽ. De sapore eius Galenus inquit, si plusculũ mandatur, subacrẽ conspici. Serapio verò amarum esse expressit. Vere quidẽ animaduertitur in Rhei radice, si plusculum mãdatur, sentiri saporẽ subacrẽ, & sensum obscurè caliditatis, atq; simul leuissimæ amaritudinis, ex quo ambigatur, an eius radicis sapor uel ad acrimoniã, uel ad amaritudinẽ vergat. Quẽ saporẽ fortassè dedita opera tacuit Dioscorides, satis apertiorẽ, & magis cõspicuum cum expresserit saporẽ, dicẽs: Quod in gustu (ita vertente Marcello Virgilio ex Oribasio forsitan ita legente) glutinosum cum leui adstrictione lentescit. Sì itaq; verum est nostræ Thracicę plantę radicẽ omnes hasce notas habere, cur ipsius radicis stirpẽ haud Rhaponticum quoq; esse dicemus? Atque etiã, cum in Thracia sponte hęc planta nascatur ponto contermina, & nõ minus in Scythiæ locis, per quę flumẽ, olim Rha, nunc Volga dictum, labitur, iuxta cuius ripas olim sponte nascebatur, vt Ammianus Alexandrinus est auctor, exindeq; ipsius radix ad nostras nationes deferebatur. Addo ego (vt superius quoque memini) Ioannẽ Quirinum Cinoglerum Germanum, uirum

In lib. 22. hist.

pro-

profectò in herbarū studio maxime eruditū, mihi aliquādo affirmauisse se hanc plantā in Moscouia (quā olim Scythiam uocarunt) locis copiosius prodire, ac uiuere cōspexisse. Sed quid tandē dicemus de ijs, qui sibi ipsis persuaserunt Rhapontici plantā esse centaureæ maioris speciē? Aloysius Anguillarius plantā magni cētaurei in monte sancti Angeli in Apulia incolas rheuponticum appellare tradidit. & Carolus Clusius centaureum magnū folio indiuiso, quod supra Olyssiponē nasci obseruauit, à Lusitanis itidē Rhapōticum vocari scriptum reliquit. Vnde & Lobelium, virum eruditissimum, eam plantam, quam ipsam rhacapitatum nuncupauit, Rhaponticū esse putasse aliqui crediderunt. Quod & alias notauimus. Quid igitur dicendum videtur? an non hæ quoque Rhapontici plantæ dicentur? quadantenus à quadā similitudine, quam habēt cum radice magni cētaurei, cui rheū Dioscorides cōparauit, posse ita vocari, ne cōtēdamus non inficiamur: At esse Rhaponticū verum antiquorum oīno negamus, cum radices istarum plantarum in nullis ferè cum Rhapontico coueniant. Quod cum superius satis superq; demonstrauerimus, in præsentia idē repetere noluimus. Sed ex his cognitis cuique nostrū satis fuisse demonstratum putamus plantam, quam nos ex Thracia obtinuimus, esse verum antiquorū Rhapōticū.

Plantam Rhapontici Thracicam, lapathorum genere comprehendi, & quot sint ipsius species.

Cap. V.

Cvm plantam, quam ex Tracia Rhodopęis montibus accepimus, verum ac legitimum rheum antiquorum esse satis superque ostenderimus, restat vt cognoscamus sub quo

quo genere plantarum cognitarum hæc planta verè comprehendi queat, qualisque sit planta ad cuius genus accedere videatur. Supra in fine secundi, & principio quanti capitis diximus, ex Antiquis Ioannem Tzetzum Hesiodi commentatorem lapathi radicem, quondam rheum vocatam nobis tradidisse. Vnde Rhaponticum antiquorum ad lapatha quadantenus accedere nuperrimè dictum est, cuius opinionis complures viri in Botanica cognitione doctissimi fuisse visi sunt. Hieronymus Tragus scripsit Hippolapathum, siue magnū lapathum, à Monachis Frãciscanis rhabarbarum vocatum fuisse, ex radicis colore croceo rhabarbari colori simili, atque etiam, quod, vt experientia se didicisse affirmat, vi purgatoria valeat, qua drachmæ pondere cum scriptulo gingiberis epotum perinde ac Rhabarbarum purget bilem, atque pituitam. Quem fortasse Leonardus Fuchsius secutus radicem itidem magni lapathi ad rhabarbarum accedere credidit, atque ita, vt ipsum, rhabarbari modo, purgare humores sibi persuasum habuerit. Post hos herbarum scriptores nostra ætate accessit Andreas Cæsalpinus vir vndequaque eruditissimus, & qui ipse rheum antiquorum ex lapathorum genere esse credidit. Hi verò scriptores, quod rheum, & rhabarbarum, vnum idemque medicamentum fuerint, propterea magnum lapathum rheum antiquorum esse facile sibi ipsis persuaserunt. Sed quid nos, qui Thracicam Rhapontici plantam per quadriennium in horto habuimus, eamque assiduè obseruauimus, affirmabimus? Profecto magni rumicis, seu lapathi speciem ipsam esse negare non possumus, neque à magnis lapathis ipsam itidem non posse segregari, cum hæc planta primo folia Hippolapathi siue magni lapathi habeat, duplo tamen (si folia adultæ plantæ spectemus)

D　　latio-

latiora, longioris trianguli in modū (licet rotunditatē quandam habeant) efformata, magnæ lappæ magnis folijs figura quadantenus similia, sed duplo (vt modo diximus) fere maiora, cū debitā magnitudinem ætate actā nfuerint. Caulem deinde hæc planta fert è medio foliorum cubitalem, striatū, geniculatū colore viridi in rubrum inclinante præditum, magni lapathi cauli planè similem: à cuius geniculis exeunt ramuli in multos alios diuisi, qui primò flosculis albis vndique conteguntur floribus hippolapathi proximis; sed in hoc ab ipsis differētes, quia sunt coloris albi sambuci floribus persimiles non insuauiter olentes; magni verò lapathi flores colore virescant. Ab his floribus semina parua, nigrescētia, triquetra figura, lapathi magni seminibus omnino similia producuntur. Folia, caulis, vt flores sapore subacido haud ingrato gustum afficiunt. Radices verò istiusce plantę non rectè deorsum in terram, sed obliquè aguntur, gracilesque sunt magni centaurei persimiles, minores tamen, à terra statim erutę exterius rufo colore in obscurū declinantes cernuntur, & siccatæ nigrescunt, interius autem rubicundæ; suntque fungosæ, leues, gustui cum remissa adstrictione lentescentes, subacres, cū leuissima obscurissimaq; amaritudine, & si mandantur, tingunt pallido colore ad crocum inclinante. Quæ notæ istiusce plantæ, radicisque præsertim, ferè omnes in magni lapathi radicibus animaduertūtur. Porrò duo hippolapathi, seu magni lapathi genera obseruauimus, vnum quod lati foliū nominauimus, atque istud est rheū nostrum Thracicū; atque alterū longifolium vocatum: quod itidē duplex obseruatur: Primū est hippolapathum satiuum à Lobellio nominatū: Quā plantam nos pro rhapontico ab hinc plures annos accepimus à Ioanne Pona Veronensi pharmacopœo percelebri, & in medicamētorū cognitione adprimè erudito, mihique amicimicitiæ vinculo coniunctissimo. Secundum vero lappatum, seu lapathi longifolij genus magnum multis in locis proueniens est id, quod vulgus herbariorū rhabarbarū monachorum appellat, & Matthiolus Hippolapathum satiuum vocauit. Quod à priori in multis differre deprehenditur, in folijsque præsertim, & in radicibus. folia.n. maiora quam in altero animaduertuntur, & in cacumine magis mucronata, neque singula sunt circa pediculum in folij initio perfoliata, qualia prioris magni lapathi conspiciuntur. In radicibus quoque differentiæ obseruantur, namque hippolapathi prioris longifolij radices minores sunt, ac graciliores, deorsumque in terrā recte aguntur, & colore, sapore, substantiaque, dum virides sunt, nostri Thracici Rhapōtici radicibus proxima existunt.

Quæ inter radices hippolapathorum, ad rhei radices, quibus antiqui ad medicinæ vsum vtebantur, proximè accedant, illarumque loco à nostræ ætatis medicis vsurpari possint.

Cap. VI.

Qvoniā demonstrauimus hippolapathū, seu lapathū magnū nostrū, latifoliū, Thracicum, radicē habere, quæ est legitimum Rhaponticū antiquorum, & hippolapathorū omnium radices figurā, magnitudine, colore, substantia, atque sapore similes Thracico quadantenus animaduerti: dubitari non iniuria poterit, an singularum harum plantarum radices sint rheum? Porrò superius dictum est cōplures fuisse viros alioquin eruditissimos, deque re herbaria plurimū benemeritos illius sanè opinionis, quòd radix vulgaris hippolapathi sit

D 2 Rha-

Rhaponticũ antiquorũ, quod & idem cũ rhabarbaro esse crediderint, propterea magnũ lapathũ fuisse rhabarbarũ à Monachis Franciscanis nuncupatũ, atq; ab alijs deinceps, tum propter radicis crassitiem (post quinquenniũ.n. hæc planta radice nanciscitur, magnã, & crassam Indico rhabarbaro proximã) tũ maxime ob colorẽ, substantiã, ở, dorẽ, atq; saporẽ, rhabarbarum itidẽ fuisse appellatũ. Addunt fuisse experientia cognitũ, magni lapathi uulgaris radicẽ habere facultatẽ purgatoriam, cuiusmodi inest rhabarbaro, sed minus tamen efficacẽ. Verum enim vero fatemur & nos quoq; magnorum lapathorum radices, priusque plurimũ, adolescant, scilicet bimas, vel crimas, ad rheum proxime accedere. Quæ etsi vera esse deprehendantur, nihilominus solæ radices hippolapathi Thracici nostri Rhodopei, & Scythici rhei nomine dignę æstimari debebunt, cum ipsę solæ notas omnes, quas Dioscorides Rheo tribuit, habere conspiciantur, atque etiã ne una quidẽ ex legitimis notis Rhaponticũ facientibus, desideretur, quẽadmodũ à nobis nuperrime fuit demonstratũ. His proximè accedunt hippolapathi primi longifolij radices siccatę, vix enim & forsitan nullo modo poterunt à Rheo Thracico discerni: cũ in ipsis siccatis omnes notæ eluceant, vt ex illarum ostensione cognoscetis. Vulgaris verè Hippolapathi secundi longifolij radices, magis ad rhabarbarum dico adultas, & plurium annorum, seu post quinque vnium) accedere quã ad rheum videntur, cum ipsę nõ laxę, sed duræ, & cõpactę sint, graues, grauiter olentes, atq; cũ manifestiori amaritudine. Atque hæc de conuenientia & similitudine quã habẽt radices magnorũ lapathorum lõgifoliorum cum vero Rhapontico, idest magno lapatho latifolio, à nobis dicta sufficiunt. Nunc quam breuissime Rhei hippolapathique longifolij vires, ac vsus medicos etiam consideremus:

De

De Rhapontico.

De Rhapontici, & hippolapathi longi folij viribus atque vtilitatibus in medendo cognitis.

Cap. VII.

Ioscorides de rhei viribus, & cōmodis ad medicinum scribens ait: Vis eius est adstringens cū aliquāto calore. Et Galenus inquit: Rheū mistā habet tū tēperaturam, tum facultatē: habet.n. quiddā terrestre frigidum, ceu indicio est adstrictio, & adiuncta est quędā illi caliditas: siquidē si pluscu lu mādatur, subacre cōspicitur. Quinetiā aereę tuiusdā substan tię subtilis est particeps, quod indicat tū laxitat, tū leuitas: ve rū & opera: Ob id.n. nō tātum cōuulsis, sed et ruptis, & orthop nęę prodest. Sic quoq; liuēiia & lichenas sanat illitū cum aceto. Porrò quod adstrictionis opera haud instrenua sunt, hinc discere licebit, qd̄ sanguinē expuētibus, cęliacis, dysentericis conferat. Nec.n. reluctatur terrestri frigido tenue aereū, imo eo qd̄ de du cat, & in altum p̄ducat ualētioris effectus causa existit. Diosco rides alios quoq; vsus addidit.s. vtile esse ad magnos dolores in flationesq; epotum, & ad lienosos, hepaticos, coxēdicosque dolo res, ad singultus, ad febrium circuitus, atq; ad venenatos mor sus. Quibusdā uisum est Rhapōtico inesse uim purgatoriam, qd̄ p̄perā collegisse uidētur ex Dioscoride dicēte (ut Serapio auctor fuisse uisus est) rheum dari in oībus malis iu quib. datur agari cus, eadēq; mēsura. Pręterea id ex eo cōfirmāt, qd̄ p os assūptum hepaticis & lienosis medeatur, q̄ vtilitatē illis uisceribus affectis nō nisi humores purgādo inducere existimāt. Addimus Franci scum Crassū pręnominatū relatione accepisse, quoddā Mcnachos in Thracia prope montē Rhodopem habitantes habuisse in vsu

fa-

In libr.2. de mat. med.c. 2. In 8. imp.

familiarissimo purgationis moliendæ gratia Thracicum Rhaponticum duplicato pondere ad rhabarbarum: Imò refert ex nimis frequenti vsu illarum radicum qui apud eos Monachos atque apud alios inualuit, ita eas plantas rhei ibi nascentes fuisse consumptas, vt nunc paucissimæ ibi reperiantur: Vnde etiam illarū stirpium, quibus quodam tempore ea loca abundabant, nunc penuria indigenę eorum locorum laborent. Forsitan ea facultas (si tamen aliqua rheo Thracico inest, quod nondum experientia deprehendimus) Dioscoridi, Galeno, atque alijs antiquorum nō fuerat animaduersa. Rhapontico Lapathum magnum viribus videtur ita proximum, vt ipsius essentia ex duplici substantia etiam constare videatur, partim, scilicet, frigida, partim calida: Substantia. n. terrena frigida, & crassa radicis haud instrenuè adstringit, adeo, vt linguam degustata, non parum exasperet, atque in hoc à Rheo differre videatur, quoniam gustatu in ore non ita lentescit. At verò substantia non parum calida & tenui, quę acrimonia aliqua se prodit, valenter digerit; crassa verò simul & calida à tenui adiuta substātia, vi prædita est detersoria, quā nobis indicat ipsius euidens amaritudo non absque colore percepta. Vnde lienosis, hepaticis, asthmaticis epota medetur, non minus, quam præstet ex aceto illita ad sanandos & detergendos in discoloratione & impuritate sitos cutaneos affectus. Sed de ipsius purgatoria & deiectoria vi ex aliorum opinione cum suprà quædam complexi fuerimus, ne uerbum quidem amplius de hac radice habebimus. Atque hic estō finis nostrę tractationis de Rhapontico.

FINIS. L.D.O.M.

Io fra Antonio marco Callamano da Padoa dell'ordine minore conuentuale di Santo Antonio dottor Theologo del collegio di Padoa de mandato del monsignor Reuerendo Padre inquisitore hò letto & riletto diligentemente la presente opera, & non vi ho trouato cosa alcuna contra la Santa fede catholica, ne contro Principi, ne buoni costumi, & l'ho ritrouata degna d'esser stampata, & cosi ne faccio fede di mia mano propria.

Idem qui supra manu propria Fidem facit

Qua stante fide Reuerendus Pater Inquisitor concedit quod imprimatur.

Frater Zaccarias Inquisitor qui supra.

Imprimatur, Octa. Liu. pro Serenissima Republ. Veneta.

TAVOLA DE' CAPITOLI

Cap. I.
De Rhapontici planta, quam proximis annis in Rhodope Thraciæ monte viuere compertum est, cur agendum sit.

Cap. II.
Rhaponticū quibus nominibus varijs gētibus innotuerit, quidque ipsum fuisse cōstet.

Cap. III.
An hac ætatę verum Rhaponticum antiquorum ad nos conuehatur, atq; cognoscatur.

Cap. IIII.
Rhapontici planta an fuerit veteribus cognita & an hac ętate alicubi viuat, & qualis sit.

Cap. V.
Plantam Rhapontici Thracicam, lapathorum genere comprehendi, & quot sint ipsius species.

Cap. VI.
Quæ inter radices hippolapathorum, ad rhei radices, quibus antiqui ad medicinę vsum vtebantur, proximè accedant, illarumque loco à nostrę ętatis medicis vsurpari possint.

Cap. VII.
De Rhapontici, & hippolapathi longi folijs viribus atque vtilitatibus in medendo cognitis.

Erratum	Correctio
pag. 4. linea. 2. radicem	plantam
7. 8. in planicie) fontem	) in planicie apud fontem
7. 22. magnæ, figura	magnæ figuram
8. 1. nigrum terram versus inclinante spectantur: neque procumbunt	nigrum inclinante spectantur: neque terram versus procumbunt
8. 3. iniucuundo	iniucundo
8. 20. obliquie	oblique.
13. 16. Reum	Rheum
18. 18. congram	congruam
19. 8. aque	æque
20. 13. noctra	nostra
22. 23. diliganter	diligenter
22. 27. odoret	odore
24. 1. profecti	profecto
24. 10. eraditissimum	eruditissimum
26. 28. Ioanne	a Ioanne
26. 28. apharmacopæ	pharmacopæo

Printed by Libri Plureos GmbH in Hamburg, Germany